東アジア
日本
韓国
中国
モンゴル

監修/青木ゆり子
編・著/こどもくらぶ

はじめに

　「食文化」とは、食べ物に関する文化のことです。

　食文化は、いろいろな要素が影響しあってはぐくまれます。

　はるか昔からその土地に伝統として伝えられてきたもの。その土地の気候・風土、産物、歴史、宗教などがもたらしたもの。ほかの国や地域と交流するなかでうまれたもの。

　そうしたさまざまなものがからみあって、その土地独特の食文化がつくりあげられてきました。

　だからこそ、世界の人びとを理解し交流するはじめの一歩は、食文化を理解すること。まず「どんな料理を食べているの？」からはじめましょう。

　シリーズ第1巻のこの本では、ユーラシア大陸の東部に位置する、東アジアの国ぐにの食文化を追っていきます。この地域の国ぐにには、漢字や箸といった中国文明の影響を受けて、それぞれに独特で魅力的な食文化をはぐくんできました。これらの国への関心をぜひ深めてください。

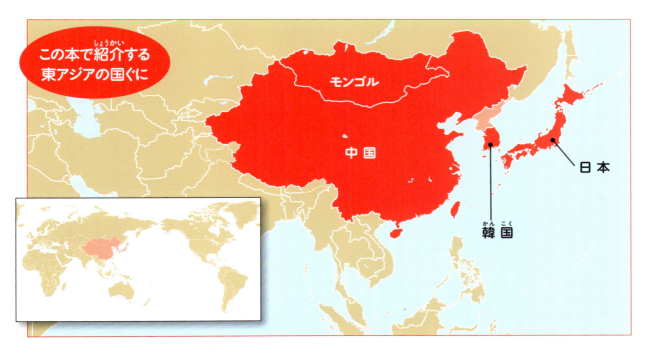

この本で紹介する東アジアの国ぐに

　ところで、近年日本を訪問する外国人はどんどんふえています。そうした外国人たちに日本を正しく紹介したい！　それには、日本人が日本の食文化を知らなければならないのは、いうまでもありません。この意味から、このシリーズでは、日本についてもこの第1巻の冒頭に紹介しています。また、それぞれの国と日本との関係についても、できるだけふれていきます。

　さあ、このシリーズをよく読んで、いろいろな国の食文化、その国とその国の人びとについての理解を深めていってください。

こどもくらぶ

もくじ

日本

1 日本の風土と食文化 ……………… 6
2 「和食」の伝統 …………………… 8
3 日本の基本の味 …………………… 10
4 日本人の保存の知恵 ……………… 12
5 地域に伝わる郷土料理 …………… 14
6 日本の食事の特徴 ………………… 15
7 日本の食器 ………………………… 16
8 日本人の朝食風景 ………………… 17
　お箸の国をしらべよう ……………… 18

韓国

1 韓国のキムジャン文化 …………… 20
2 キムチの赤い色 …………………… 22
3 韓国の食文化 ……………………… 24
4 宮廷料理 …………………………… 27
5 一日の食事 ………………………… 28
6 薬食同源 …………………………… 30
　韓国観光公社のアンケート ………… 31

中国

1 中国の風土と食文化 …………… 32
2 一日の食事 …………………… 36
3 中国の行事と食 ……………… 38
4 自治区(じちく)の食文化 ……………… 40
　これも餃子(ぎょうざ)? ………………………… 41

モンゴル

1 モンゴルの風土と食文化 ………… 42
2 モンゴルの行事と食 ……………… 44
3 現代(げんだい)のモンゴルのくらし ………… 45

さくいん ……………………… 46

日本

日本は、ユーラシア大陸の東の海に浮かぶ島国です。古来、中国や朝鮮半島の先進文化を熱心に取り入れ、文化を発展させてきました。

正式名称／日本国
人口／約1億2700万人（2015年総務省統計局）
国土面積／37万7947km²
首都／東京

言語／日本語など
民族／日本人、ほかにアイヌなど少数民族
宗教／仏教、神道など

1 日本の風土と食文化

四方を海にかこまれた島国の日本は、海産物が豊富。南北3000kmにおよぶ日本列島の四季は、そのときどきで大きくちがった顔を見せます。良質な水にめぐまれ、農産物も豊富です。それらをいかした食文化は今、世界じゅうで注目されています。

● 主食は米

日本では昔から稲の実である米を主食とした食生活がいとなまれてきました。稲作は中国から縄文時代の終わりごろに日本へ伝わってきました。

稲作が日本の各地へ広がることにより、日本人の食生活は、米を主食として、魚介類や野菜、豆などを食べる食生活になりました。

14世紀以降の室町時代には、ご飯に汁物、主菜1品と副菜2品の食事の形式がつくられました。これが、「一汁三菜」とよばれるその後の食生活の基本となり、日本人の伝統的な食生活として定着していきました。

旬の食材をいかす

日本は四季のある国です。野菜、果物、魚などが一年のなかでもっともよくとれておいしい季節を「旬」といいます。日本人は昔から旬の食材を好んで食べてきました。タケノコは春。春になると、タケノコご飯や若竹煮など、タケノコを使った料理をいろいろつくって食べてきました。栗の旬は、秋です。栗ご飯、栗の甘露煮などがおいしい季節です。

魚では、春はサワラ、秋はサンマ、冬はブリなどが旬となります。日本人は、季節によってどんな魚がよくとれるか知っていて、おいしい食べ方を工夫してきたのです。

また、食材だけでなく、食卓に季節を感じさせる草花をかざったり、その時季だけしか使わない食器を用いるなどして、四季を食事にとりこんできました。

季節の行事と食

日本人は、伝統的な季節の行事を、今も守りついでいます。行事のときには、決まって食べるものがあります。

七草粥

1月7日には、病気にならないようにという願いをこめて、セリ、ナズナ、ゴギョウ、ハコベラ、ホトケノザ、スズナ（カブ）、スズシロ（ダイコン）の7種類の野菜が入ったお粥を食べる。これは、正月のごちそうでつかれた胃を休め、野菜を食べて不足しがちな栄養素をおぎなう意味もあるといわれている。

日本

桃の節句

3月3日の桃の節句（ひな祭り）には、季節の花である桃の花や菜の花、麦の穂をかざる。ひしもち、ひなあられを用意する。ハマグリの吸物や、ちらしずしなどを食べる。

端午の節句

5月5日の端午の節句にはかぶとをかざり、しょうぶ湯に入る。カシワの葉で包んだかしわもちや、もちをササの葉で巻いて蒸したちまきを食べる。

月見

9月の半ばあたり（旧暦の8月15日）の「十五夜」「中秋の名月」には月見をする。ススキをかざり、月見だんごを食べる。

2 「和食」の伝統

2013年12月、日本の「和食」がユネスコ無形文化遺産に登録されました。登録名は「和食；日本人の伝統的な食文化（Washoku；traditional dietary cultures of the Japanese）」です。

● 和食とは？

「和食（Washoku）」とはなんでしょう。ひと言でいうと、一汁三菜（→p6）を基本とする料理の献立のことで、「洋食」に対する言葉です。明治時代に日本に入ってきた、とんかつ、すき焼きなども和食とされ、こうした家庭でふつうに食べている料理をふくめた「和食」が、無形文化遺産に登録されたのです。

登録された理由は、「和食には、正月や田植えなど、日本の文化・習慣と密接に関係して、食材をはじめ、料理、食べ方、マナーなどに伝統的な文化がみられる」ことでした。

無形文化遺産とは？

「無形文化遺産」は、2006年にユネスコが創設した比較的新しい事業。「世界遺産」が歴史的な建築物や自然など形のあるものを保護・継承することを目的としているのに対し、無形文化遺産は芸能や伝統工芸技術など形のないものを対象とする。食については、2012年までに「フランスの美食術」「地中海料理」「メキシコの伝統料理」「トルコのケシケキの伝統」の4件が、2013年12月には、日本の和食をふくむ4件が無形文化遺産に登録された。

一年の稲作のはじまりの田植えは、豊作を田の神さまに祈るたいせつな行事でもあった。今も昔ながらの田植えが、神事としておこなわれている地域がある。

和食と日本料理

日本の料理という意味をもつ言葉に、「和食」と「日本料理」があります。同じ意味の言葉ですが、日本人のあいだでも、「日本料理」は「和食」より高級なおもてなし料理をイメージする人が多いようです。

日本の伝統的なおもてなし料理の形式は、室町時代からしだいに形づくられてきた「本膳料理」が元になっています。本膳料理というのは、「ひとり分の料理をいくつもの膳にのせて一度に出す正式なおもてなし料理」のことです。

懐石料理や会席料理は、本膳料理が発展したものだと考えられています。

三の膳

二の膳

本膳

『服部流家元料理聚成』（講談社）より　撮影／下村 誠

本膳料理
一汁三菜を基本とし、豪華になると汁物が2つ、3つにふえ、おかずが5つ、7つとなるものもある。これらは「二汁五菜」「二汁七菜」「三汁五菜」とよばれる。上の写真は二汁七菜の本膳料理。

懐石料理
茶の湯の席で出される料理のことで、濃い茶を飲む前にあらかじめ腹ごしらえをしておくための料理。これも一汁三菜が基本で、ご飯と汁物が先に出されるのが特徴。

会席料理
酒を楽しむことを目的とした宴会料理。江戸時代後期に料理屋で出されるようになったのがはじまり。

海外の食文化の影響

日本は歴史的に海外から多くのものを取り入れてきました。和食の代表ともいわれる「天ぷら」「すし」にも、海外の影響がみられます。

天ぷらは、江戸時代にポルトガルの揚げ物料理（フィレッテ）からうまれたといわれています。すしは、8世紀ごろに東南アジアから伝わった魚の保存法であるなれずし（→p12）が、長い年月を経て日本独特の料理になったものです。

また、本膳料理や懐石料理なども、中国の食文化の影響を受けています。これらの料理は、日本の各時代の伝統的な調理法や料理の形式にのっとりながら、改良がほどこされ、発展してきたのです。明治時代以降に入ってきた外国の料理も、とんかつ、すき焼き、カレーライスなどのように、もともとは洋食だったものも日本人の口にあうように手が加えられ、工夫がこらされて、和食のひとつとみなされるようになったのです。

天ぷらは、素材に衣をつけて油で揚げた料理。

天ぷらのもととなったといわれるポルトガルのフィレッテは、衣に味がついている、ぽってりしたフライ。

3 日本の基本の味

日本では、淡白な味わいのなかに「うま味」を見いだす文化が発達してきました。また、日本の食文化の特徴のひとつに、みそ、しょうゆなど、発酵によってつくられた食品が多いことがあげられます。

● だしとうま味

どの国の人でも、幼いころから知らないうちになれ親しんできた味があります。日本人の場合、それはみそやしょうゆ、そして「だし」の味です。

「だし」は料理に「うま味」を加えてくれるものですが、どのような味であるかは言葉にすることができないとされています。そもそも「うま味」とはなんでしょうか。じつは、「甘い」「苦い」「すっぱい」「塩からい」という基本四味ではあらわせない「第五の味」なのです。

かつお節 / こんぶ / 煮干し

● うま味のもと

うま味のもととなる「第五の味」は、1908年に東京帝国大学（現・東京大学）教授の池田菊苗博士によってグルタミン酸が発見され、科学的に究明されていきました。うま味の正体は、こんぶに多くふくまれるグルタミン酸、かつお節や煮干しにふくまれるイノシン酸、干しシイタケなどにふくまれるグアニル酸です。

しかし、うま味だけで、おいしいと感じられるわけではありません。うま味は、あくまでも料理の味や風味を引き出すための成分なのです。

もっと知りたい！
「うま味」ということばの由来

もともと日本語では、おいしさをいうとき「旨味」という言葉が使われていた。これは「熟した果実の味」をいう「熟む」からきている言葉で、「うまい」に「甘い」という漢字があてられることもあり、「甘い味」が「旨い味」と考えられていた。池田教授は、それまで「おいしさ」をあらわした「旨味」という言葉を使って、第五の味を「うま味」と名づけたのだ。

外国人に教えよう

だしのとりかたを英語で紹介！ How to make dashi

1 鍋で水を沸騰させる。
Boil water in a pan.

2 火を弱めてからかつお節を入れ、火を止める。
Lower the heat and put dried bonito flakes, turn off the heat.

3 かつお節がしずむまで待ち、キッチンペーパーや布でこす。
After the flakes sink to the bottom, strain the liquid through paper towels or cloth.

材料（4人分） Ingredients

かつお節
(dried bonito flakes)
……………20g
水 (water)……700mL

日本

日本の発酵食品

発酵とは、微生物の働きによって物質が変化し、人間にとって有益に作用することをいいます。微生物という目に見えない小さな生き物が働いたおかげで、発酵食品ができるのです。

発酵をおこなう微生物のことを「発酵菌」といいます。発酵菌は発酵中に、香り成分や新たな味わい、色、そして栄養をつくりだします。

日本の発酵食品の代表としては、みそやしょうゆ、酒などがあげられますが、発酵に使う「こうじ」によって味が決まるといわれています。「こうじ」とは、蒸した米・麦・大豆などの穀物にこうじ菌を繁殖させたものです。

また、納豆や漬物（→p13）も発酵食品です。日本の気候は発酵に適しているので、世界でも有数の発酵大国だといわれています。

大豆を米こうじを使って発酵させると「米みそ」に、麦こうじを使って発酵させると「麦みそ」に、直接大豆にこうじ菌を加えて発酵させると「豆みそ」になる。

外国人に教えよう　みそづくりを英語で紹介！ How to make miso paste

大豆をやわらかく煮て、こうじ菌の力を借りて発酵させ、おいしいみそをつくりましょう。2Lくらいの容量の桶を用意しましょう。

材料　Ingredients

大豆 (soybeans) ………… 500g
こうじ (rice malt) ………… 500g
塩 (salt) ………………… 250g

1 水でよく洗った大豆を一晩水につけておく。
Soak soybeans in the water overnight.

2 大豆を鍋で煮る。
Boil soybeans in a pot.

3 大豆をつぶす。
Mash soybeans.

4 こうじと塩をよくまぜる。
Mix rice malt and salt well.

5 大豆と**4**をよくまぜる。
Mix soybeans and **4** well.

6 **5**をだんご状に丸めて、桶にすきまなくつめる。
Make **5** into balls and put them into a container tightly.

7 みその表面にラップをはり、ふたをして重しをのせる。
Cover the surface of miso with plastic wrap.
Put a lid and a weight on the container.

8 新聞紙で桶をおおい、冷暗所で数か月保存する。
Cover the container with newspaper and store it in a cold dark place for several months.

4 日本人の保存の知恵

日本では昔から、各地の風土にあった独特な保存の知恵や技術がはぐくまれてきました。現在のすしのもとになった「なれずし」や、漬物についてみてみましょう。

● なれずし

魚を米といっしょに塩漬けにして発酵させたものを「なれずし」といいます。なれずしは、数十日から数か月、長い場合、1～2年たったところで取りだし、米を洗い流して魚だけを食べます。これは、東南アジアの魚の保存法が起源とされていますが、日本各地で独自のつくり方が発達しました。写真は、各地のなれずしの例です。

滋賀県のふなずし
なれずしの原型だとされている「ふなずし」。用いられる魚は、琵琶湖でとれる小型のニゴロブナ。

福井県のサバのへしこ
へしこは、サバを塩で漬けたあと、米ぬかで漬けこんだ保存食。さらに、へしこを塩ぬきして皮をはぎ、酢で味つけをして、ご飯と米こうじをまぜたものといっしょに桶に漬けこむと、サバのなれずしになる。

北海道のサケの飯ずし
サケを、ご飯、米こうじ、ニンジン、ショウガなどとともに漬けこんだもの。

もっと知りたい！
江戸前ずし

室町時代後期になると、なれずしは、魚といっしょにご飯も食べる生なれずしになった。ご飯をドロドロになるまで発酵させないため、すしは保存食でなくなった。江戸時代に入ると、酢をまぜたご飯を手でにぎり、その上にさしみをのせる「にぎりずし」が登場。これは、江戸前（東京湾）でとれる魚介・ノリを使ったことから、「江戸前ずし」ともよばれた。

日本

各地の漬物

漬物とは、おもに野菜を塩や米ぬかなどに漬けた発酵食品（→p11）のことで、「香の物」ともいいます。種類はじつにさまざまで、地方独自のものもあります。ここでは、北は北海道から南は九州までの「名産漬物」とよばれるものを紹介します。

松前漬け（北海道）
北海道には、海の幸を使った漬物が多いが、コンブと干しスルメを細く切り、みりんとしょうゆで調味した液に漬ける「松前漬け」は、とくに有名。カズノコを入れた豪華版もある。

いぶりがっこ（秋田県）
寒さがきびしい東北地方は、漬物王国ともいえる地域。「いぶりがっこ」は、ダイコンをいろりの天井につるして煙でいぶし干しにして、それをぬか漬けにしたもの。

野沢菜漬け（長野県）
アブラナ科の野沢菜の茎と葉を塩漬けにした漬物。野沢菜には小さなカブ状の根がついていて、若いうちはこれも食べることができる。

べったら漬け（東京都）
「べったら」とは、こうじで漬けたダイコンのこと。甘い味が特徴。

わさび漬け（静岡県）
ワサビを細かく切って酒粕に漬けたもの。伊豆、天城や安倍川上流の有東木は古くからワサビの産地として知られ、そこで名産となったのが「わさび漬け」。江戸時代の中期に駿府（いまの静岡県中部）のワサビ商人が粕漬けに改良したといわれている。

奈良漬け（奈良県）
酒粕に野菜を漬けこんだ漬物。材料には、キュウリやウリなどが使われる。

千枚漬け（京都府）
カブを千枚にもなるかのようにうすく切って漬けるため、「千枚漬け」という名がついた。

高菜漬け（福岡県）
九州地方の漬物のなかでもっともよく知られているのが高菜漬け。高菜には辛味成分がふくまれ、ほのかにマスタードのような辛みがある。このため、そのまま食べるより、料理の材料として油炒めにしたり、肉といっしょに煮こんだりして使われることが多い。

5 地域に伝わる郷土料理

日本は南北に細長い国で、地域によって気候も大きく異なります。それぞれの風土にあわせて、地方色豊かなさまざまな郷土料理が工夫され、現在に伝えられてきました。

● 全国的に知られる郷土料理

日本全国どこへいっても、その土地に伝わる郷土料理があります。ここで紹介する料理は、郷土料理のなかでも、今では全国的に知られるようになったものばかりです。

はらこ飯（宮城県）
「はらこ」はサケの卵のこと。サケの切り身をしょうゆと酒をあわせた汁でさっと煮て、その煮汁で炊いたご飯にサケの切り身とはらこを盛りつけた丼。

ジンギスカン（北海道）
羊の肉の焼肉料理。中央が盛りあがった、独特の鉄鍋を使って焼く。牧羊がさかんな北海道の名物。

タラのじゃっぱ汁（青森県）
タラのアラと野菜をみそで煮こんだ汁物。「じゃっぱ」というのは、魚のアラなど不要な物のこと。

信州ソバ（長野県）
信州（長野県）は平地が少なく気候が寒冷だが、そうした土地でもよく育つソバづくりがさかんになった。

ちゃんこ鍋（東京都）
具材や味つけにかかわらず、力士がつくる鍋料理のこと。鍋料理でなくとも、相撲部屋の料理はちゃんこというようになった。

カキの土手鍋（広島県）
みそを鍋の内側にぬって土手のようにするため、土手鍋とよばれる。広島県は、カキの養殖量日本一をほこる。

からしレンコン（熊本県）
レンコンの穴にからしや麦みそ、おからなどをまぜたものをつめ、衣をつけて揚げたもの。

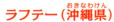

ラフテー（沖縄県）
沖縄県特産の酒、泡盛を入れて煮こんだ豚肉の角煮。沖縄では、豚や山羊を食べる場合には、肉だけでなく内臓や耳、尾まで、1頭をむだなく使ってさまざまな料理をつくる。

日本

6 日本の食事の特徴

日本の食事のようすで、外国とくらべてとくに異なっていることがいくつかあります。ここでは、日本独特の食事のマナーについてみてみましょう。

音をたてて食べる？

日本の食事マナー

食事のマナーは、国によってまったく異なるのはいうまでもありませんが、日本でしてよいことや積極的にするようにされていることが、外国ではしてはいけないことである場合があります。

日本では、麺類や汁物を音をたてて食べてもかまいませんが、ヨーロッパやアメリカでは、スープを音をたてて飲むのははずかしいこととされています。

箸を使う国どうしの中国や韓国とは、食事マナーも似ているかと思えば、かなり異なっています。日本では、箸は手前に横向きにして置きますが、中国では、自分の皿の横にたて向きに置きます。また、日本では、茶わんを手でもって食べるのが作法とされていますが、韓国では、テーブルに置いたままもちあげないで食べるのがふつうです。

日本では、ほかの人に料理をとってあげるときは取り箸を使いますが、中国や韓国では自分の使っている箸を使います。自分のお箸をなめてきれいにしてからとってあげることもあります。

「いただきます」「ごちそうさま」

食事のマナーとして、日本人は「いただきます」「ごちそうさま」をいうようにしつけられる。

「いただきます」は、「もらう」の謙譲語「いただく」からうまれた言葉。もともとは頭の上にのせるという意味の言葉だったが、目上の人から物をもらうときに頭の上にかかげることから、そうして物をもらうことをあらわす言葉になり、さらにもらった物を食べるときのあいさつになったという説がある。

一方の「ごちそうさま（御馳走様）」の「馳走」は、食事を用意するために走りまわるという意味で使われ、やがて「もてなす」という意味になった。それにていねい語の「ご（御）」と「さま（様）」がついたといわれている。「ごちそうさま」のように、食事のあとの決まったあいさつ言葉がある国は、世界でもまれだといわれる。

15

7 日本の食器

日本では、食器は、家族でも一人ひとりちがうのがふつうです。わんや箸、湯のみなどの食器は、たいてい家族のだれがどれを使うかが決まっています。

● 個人の食器

日本では、16世紀以降、茶の湯の発展とともに茶わんなどの焼き物（陶磁器）が好まれるようになりました。そうしたなかで器が発展し、個人の好みのものが使われるようになったと考えられています。

また、日本には器を手でもちあげて食べる習慣があるため、食べる人の体の大きさによって器の大きさや重さがかわります。それぞれの人にあった使いやすいものが用意されます。

わんは、手の大きさによって、もちやすい大きさがあります。箸も手の大きさにあわせて長さを決めます。親指と人さし指を直角に広げたときの両指の先端を結んだ長さを「ひとあた」といい、箸の長さは「ひとあた半」がちょうどよいとされます。

● 漆ぬりの器

日本では、わんをもちあげ、直接わんに口をつけて食べるのがふつうです。漆ぬりのわんは、美しく軽いうえに、口がふれたときの感触のよさから定着したのではないかと考えられます。

17〜18世紀には、日本からヨーロッパに漆器がさかんに輸出され、現地で大変好評でした。そのため、日本からの輸入品の漆器を、日本という意味の英語「Japan」から「japan（ジャパン）*」とよぶようになったといわれています。

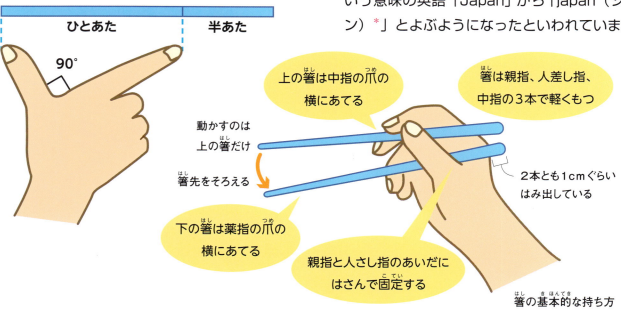

箸の基本的な持ち方

*陶磁器は、中国製のものが最高級とされ珍重されてきたため、英語では「china（チャイナ）」とよぶ。

8 日本人の朝食風景

江戸時代の庶民の朝ご飯といえば、決まって、炊きたてのご飯にみそ汁と漬物でした。現在の日本人の朝ご飯は、和食と洋食でほぼ半はんに分かれています。

日本の朝ご飯の変化

江戸時代、質素な食事ではありましたが、江戸のまちにはあちこちから炊きたてのご飯の香りがしていたといわれます。納豆や煮豆なども食べていました。おかずを2品、3品と食べられるのは経済的に豊かな人たちだけでした。海ぞいの地方では、野菜よりも安く手に入る魚介類を多く食べていたのはいうまでもありません。

明治時代に入り、洋風のものも食べるようになりましたが、日本人の朝食のスタイルは、江戸時代とほぼかわりませんでした。それは、第二次世界大戦後まで続きました。

戦後しばらくたつと、手軽に食べられるパンなどの小麦粉からつくった食品が広まり、朝食にかぎらず、日本人の食生活が西洋化していきました。現在では、朝食にパンを食べる人がどんどんふえています。

和食のおかずは、漬物や梅干、納豆、干物、塩魚、卵焼き、のり、煮物などが多く、洋食は、目玉焼き、ハムエッグなどの卵料理、ハム・ソーセージなどにサラダか、ゆで野菜などです。また、ふつう和食では緑茶を飲みますが、朝には、和食でも、牛乳やコーヒーを飲む人がふえているといいます。

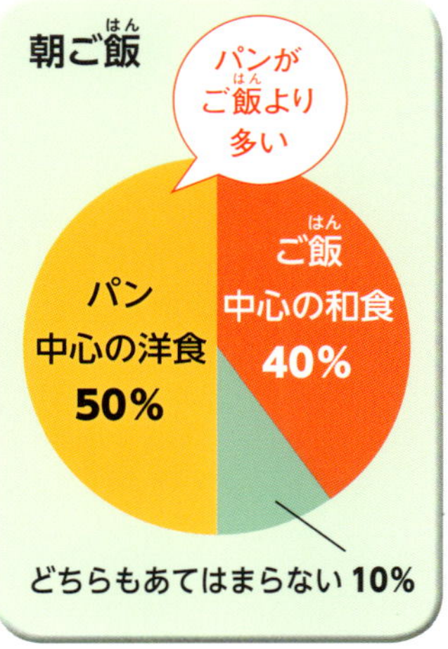

朝ご飯

- パンがご飯より多い
- ご飯中心の和食 40%
- パン中心の洋食 50%
- どちらもあてはまらない 10%

JA全中調査2014年より

栄養バランスのよい食事

現在、日本では、厚生労働省や農林水産省が中心になって「食事バランスガイド」をつくり、その普及につとめている。下の図は、主食、主菜、副菜、牛乳・乳製品、果物を、1日にどれくらい食べれば栄養バランスのよい食事になるかをあらわしている。

食事バランスガイド*

1日分

水・お茶／運動

5〜7つ(SV) 主食（ご飯、パン、麺）
ご飯（中もり）だったら4杯ていど

菓子・嗜好飲料
楽しく適度に

5〜6つ(SV) 副菜（野菜、きのこ、いも、海藻料理）
野菜料理5皿ていど

2つ(SV) 牛乳・乳製品
牛乳だったら1本ていど

2つ(SV) 果物
みかんだったら2個ていど

5〜7つ(SV) 主菜（肉、魚、卵、大豆料理）
肉・魚・卵・大豆料理から3皿ていど

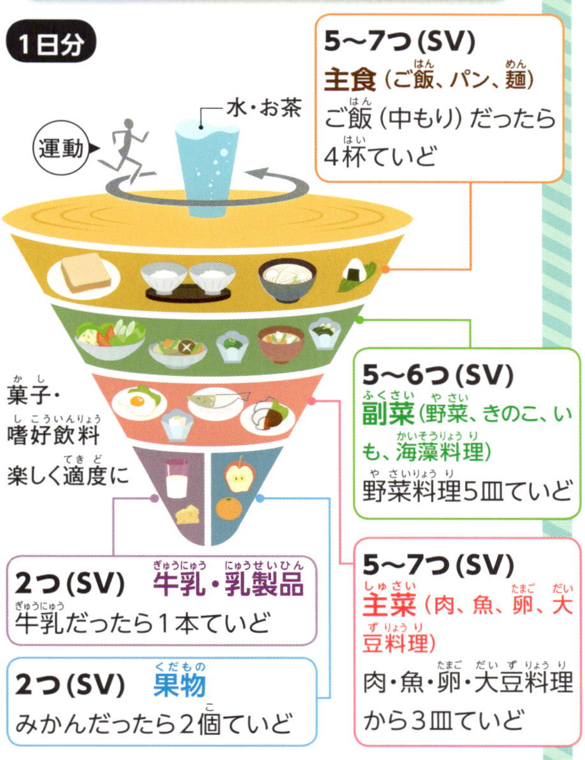

● コマの上の段には、たくさんとる必要がある食品グループが入っている。たとえば、副菜と主菜とでは、副菜のほうがたくさん食べる必要があることがわかる。

●「食事バランスガイド」は、料理の量を「つ(SV)」であらわしている。たとえば主食の場合、おにぎり1個は「1つ」とかぞえる。ご飯小もり1杯、食パン1枚も「1つ」。うどん1杯は「2つ」になる。これらの主食が、1日で合計5〜7つになればよい。SVは英語の「サービング（食事の提供）」の略。

厚生労働省・農林水産省決定

＊このコマは大人用だが、10〜17歳の子どもにもあてはまる。

お箸の国をしらべよう

日本をはじめ、中国、韓国は、食事の道具としてお箸を使う国です。
同じお箸を使う国でも、それぞれ似ているところもあれば、ちがうところもあります。
お箸の文化をくらべてみましょう。

中国の箸文化

中国では、ご飯やおかずを食べるときにはお箸を使い、チャーハンやスープなどを食べるときにはレンゲやスプーンを使います。材質は、木や竹、プラスチックのものが多いですが、高級なお箸は象牙でつくられています。

中国のお箸の特徴は、先までほぼ同じ太さになっていることと、長いということです。これは、中国では食卓をみんなでかこみ、大皿から料理をとるためだと考えられています。

お箸やスプーンがたてにならべられた、中国の円卓。

韓国の箸文化

韓国では、お箸はおもに、おかずを自分の皿にとり、それを食べるために使います。ご飯や汁物を食べるときは、スプーンを使います。それは、韓国では器を手でもちあげて食べるのは行儀がよくないとされているので、食卓に器を置いたまま食べるには、お箸よりスプーンのほうが食べやすいためです。

韓国では、お箸もスプーンも金属製のものが使われます（現在はステンレス製のものが中心）。それは、古代から王家や上流階級で銀器が使われていたなごりです。銀はヒ素や硫黄と反応して変色するため、毒がもられているかどうかがすぐわかるからです。箸の形は、日本や中国とちがい平べったいのが特徴です。

3国のお箸

| 日本 |
| 韓国 |
| 中国 |

日本の箸文化

　日本人は、ご飯、汁物、おかずなど、たいていのものをお箸でとって食べます。日本のお箸の先が細くなっているのは、骨のある魚などを食べるためだといわれています。

　おもに使われているお箸の材質は、木に漆や合成樹脂をぬったぬり箸です。ほかに、竹や柳のお箸もあります。近年は、プラスチック製のものも出まわっています。

　また、日本では、各人の手の大きさにあったお箸を使うので（→p16）、子ども用のサイズの小さいお箸もあれば、「夫婦箸」といって、男性用の大きめのお箸と女性用の小さめのお箸がセットになっているものもあります。

子ども用のお箸

夫婦箸

日本では、お正月には柳の木の祝い箸を使うのがならわしになっている。柳の木が使われるのは、春になるとまっ先に芽吹く縁起のよい木であると同時に、じょうぶで折れにくいため。

日本の調理専用のお箸と取り箸

　調理専用のお箸には、肉や魚などをあつかうときに使う「真魚箸」と、野菜などをあつかうときに使う「菜箸」があります。どちらも食事用のお箸より長く、30～40cmぐらいの長さがあります。真魚箸は、鳥や魚をさいたり切ったりするときの補助や盛りつけに使われる箸です。生ぐさいものをあつかうので、真魚箸は金属製のことが多く、にぎり部分だけが木製になっています。真魚箸と包丁を使って調理する「包丁師」が、1500年ごろの絵巻『七十一番職人歌合』にもえがかれています。

真魚箸と包丁を使って魚をさばく包丁師。
出典：『七十一番職人歌合』五十七番「包丁師」より

　取り箸は、各人が口をつけたお箸で大皿から料理をとることをきらう日本で使われている取り分け用のお箸です。とくに懐石料理（→p9）では、青竹製の取り箸を使うのがしきたりになっています。

懐石料理で使われる青竹の取り箸。

韓国

韓国は、朝鮮半島の南側をしめる国。東京と韓国の首都ソウルは、飛行機で約2時間の、日本にとってはもっとも近い外国のひとつです。

正式名称／大韓民国
人口／約5150万人（2015年12月現在）
国土面積／約10万km²（日本の約4分の1）
首都／ソウル

言語／韓国語
民族／韓民族
宗教／仏教、キリスト教

1 韓国のキムジャン文化

2013年12月、日本の「和食」と同時に、韓国の「キムジャン文化」が、ユネスコ無形文化遺産に登録されました。キムジャンとは、地域の人たちが協力して大量のキムチを漬けこむ行事です。

●「キムチ」と「キムジャンキムチ」

「ムチ」は、朝鮮半島を代表する漬物の総称です。塩漬けしたハクサイに、ダイコンの千切りやワケギなどの具材と「ヤンニョム（→右ページ）」をぬりつけて、かめに漬けこんでつくります。

韓国のキムチは200種類近くあるといわれています。そうしたキムチのうち、とくに晩秋におこなう「キムジャン」とよばれる行事でつくるキムチを、「キムジャンキムチ」とよんでいます。

●「ソンマッ」とは

鮮半島には「ソンマッ（手の味）」という言葉があります。これは、食材を素手でこねたりまぜあわせたりすることで、味にちがいが出ることをあらわす言葉です。キムジャンキムチをつくる際、薬味、塩辛、調味料などの分量を正確にはかって調合することはしません。つくる人が目分量で調節し、手でまぜあわせることで、味のしみこみ具合にちがいがでるといいます。ナムル（→p28）をつくるときも、同じような方法でおこないます。

ただ最近では、衛生上の問題があり、ビニールやゴムの手袋をはめた手でおこなわれるようになりました。

韓国

無形文化遺産になったキムジャン

「キムジャン」では、地域の人たちが協力して大量のキムチを漬けこみます。朝鮮半島では、今日はキムさんの家、明日はパクさんの家というように、地域で助け合いながらおこなうキムジャンが、文化として昔から受けつがれてきました。

キムジャンの起源ははっきりしていませんが、高麗時代の李奎報（1168～1241年）の詩に書かれている「ダイコンをしょうゆ、または塩に漬ける」という内容が、キムジャンの初歩的なすがたとされています。

キムジャンキムチは、地域のめぐまれない人びととともわかちあうことから、社会的なわかちあい、地域の協力関係の増進といった役割をになってきました。ところが最近、キムジャン文化がめっきり減ってしまいました。その理由は、マンションなどに住む人が多くなったことや、市販のキムチの普及、食生活の多様化によるキムチ消費量の減少などがあげられます。

こうした背景もあり、韓国は「キムジャン文化」はこれからも守り伝えていくべきものだとして、無形文化遺産の申請をしたといいます。

ユネスコでは、韓国の申請を受けて協議した結果、「何世代にもわたり受けつがれてきたキムジャンはわかちあいの心を実現する文化であり、韓国の人たちの連帯感とアイデンティティを高める役割を果たしてきた」として評価、登録しました。

なお、「キムジャン文化」の「わかちあいの心」は、同じく2013年に登録された和食（→p8）の「おもてなしの心」に通じるといわれています。

もっと知りたい！

ヤンニョム（薬念）

「ヤンニョム」は、塩・砂糖・しょうゆ・みそ・ゴマ油などの調味料と、トウガラシ・コショウなどの香辛料、ニンニク・ショウガ・ネギなどの薬味をあわせてつくる調味料のこと。キムチ用のヤンニョムには、発酵を促進する塩辛やもち米の粥も入れられる。ヤンニョムは、プルコギ（→p25）など焼肉用の肉を漬けこむ調味料としても使われる。

地域の人たちが協力しておこなうキムジャン。

2 キムチの赤い色

キムチの赤い色はトウガラシです。そのトウガラシは16世紀末ごろ、日本から朝鮮半島に伝わったといわれています。それ以前の朝鮮半島のキムチは白かったのです。

ポルトガル→日本→朝鮮半島

トウガラシが朝鮮半島にもともとあったものではないことは、たしかです。

トウガラシの原産地は中央・南アメリカで、ポルトガル人がヨーロッパに伝え、1552年にポルトガル人宣教師が日本の戦国大名である大友義鎮に種を献上したといわれています。

日本から朝鮮半島に伝わったのは、豊臣秀吉の朝鮮出兵のときか、江戸時代の貿易によってではないかといわれています。

「キムチ」という言葉の語源

「キムチ」の語源についてはさまざまな説があるが、「沈菜（チムチェ）」という言葉から、ティムチェ → ディムチェ → チムチ → キムチというふうに音が変化したという説が、現在は有力。この「沈菜」は、野菜を塩漬けにしたとき、野菜から出た水のなかで野菜自体がしずむようすからうまれた言葉。

白いキムチ

キムチはもともと、野菜を塩で漬けただけの白キムチ（→p23）や、水気の多い水キムチ（→p23）で、トウガラシが使われず、現在のように赤くありませんでした。キムチが赤くなったのは、トウガラシが朝鮮半島に伝来した16世紀末ごろだといわれています。

トウガラシを使ったキムチについて書かれているもっとも古い文献は、18世紀に刊行された農業書『増補山林経済』です。ところが、それも千切りのトウガラシを少し入れたもので、今のように粉のトウガラシを使用して真っ赤になるものではありませんでした。現在のキムチに近いものは、1827年の『林園十六志』にはじめて登場しました。

もっと知りたい！
日本のキムチ

日本では、1970年代ころまで、「キムチ」ではなく「朝鮮漬け」とよばれていた。ところが、1980年代後半に激辛ブームが起きると、一般のスーパーマーケットやコンビニエンスストアでもキムチが売られるようになり、人気が出てきた。

なお、日本産のキムチは、日本人の味覚にあわせてつくられた浅漬けのものがほとんど。韓国産のキムチは、乳酸発酵させた強いコクが特徴で、トウガラシの辛みに、魚介の塩辛が発酵した酸味、ニンニクの強いにおいがあわさっていて、日本のキムチとはかなりちがう。

韓国

代表的なキムチ

韓国のキムチは、ハクサイのほかに、キュウリ、カブなどをはじめ、その種類は200近くあるといいます。地域によって材料が異なるため、地方ごとに特徴あるキムチがつくられています。水分の多い少ないによる辛さのちがい、味のちがいなども、地域によってはっきり出ています。

- **朝鮮半島北部** 水分が多くて淡白、ピリッとした辛味がありさわやか。
- **朝鮮半島中部** 若干の赤みがあり、比較的水分が多い。
- **朝鮮半島南部** 気候の温暖な南部は、赤くて濃い味。水分がほとんどない。

こうした地域によるちがいは、気温と関連しています。キムチは発酵食品で、温度が高ければ発酵しやすくなります。発酵しすぎるとすっぱくなったり、歯ざわりが悪くなったりします。発酵のしすぎをふせぐ役割をするのが、塩分です。温暖な南部のキムチは、発酵をおさえるため、塩分を多めにします。その結果、水分の少ない濃い味のキムチができるのです。

ハクサイキムチ（ペチュキムチ）
もっとも一般的なキムチ。

水キムチ（ムルキムチ）
水ごと発酵させた、汁気の多いキムチ。ダイコンを使ったものが代表的。

カクテキ（カクトゥギ）
さいの目に切ったダイコンを漬けこんだキムチ。

チョンガクキムチ
「チョンガク」は、韓国でとれるダイコンの一種。結婚前の男性のことをチョンガクといい、その髪型に形が似ていることから名づけられた。

白キムチ（ペッキムチ）
トウガラシを使わずに漬ける、辛くないキムチ。

ポッサムキムチ
ヤンニョムに漬けこんだ海産物や野菜をハクサイで包んだもの。

ネギキムチ（パキムチ）
ワケギをトウガラシやニンニクなどでつくった薬味で漬けたキムチ。

3 韓国の食文化

日本語の「ご飯」は、韓国語では「パプ」。日本と同じように韓国でも「ご飯」は「米を炊いたもの」だけでなく、「食事」そのものもさします。パプ（食事）は、主食のパプ（ご飯）を中心にいろいろなおかずを食べます。

● サンチョプパンサンとは？

韓国には「サンチョプパンサン」という言葉があります。これは、基本のご飯・汁物・キムチに3つのおかずが加わることを意味し、日本の「一汁三菜」にあたります。昔からの習慣で、おかずの数は3、5、7、9の奇数が多いようです。逆に4、6などは好まれません。

キムチとともに韓国の食卓に欠かせないのが、汁物です。パプのはじめは、汁物に口をつけるのがマナーです。汁物は「クク（あっさりしたスープ）」や「ミヨックク（ワカメスープ）」が人気。

「チゲ」とよばれる鍋料理も汁物に分類されます。トゥッペギという素焼きの器で、あつあつの状態で食卓にならべます。

また、「クッパ」は日本の雑炊やおじやに似た韓国料理ですが、この言葉は、スープを意味する「クク」とご飯を意味する「パプ」があわさってできたものです。

なお、韓国は国土が海にかこまれているため、とくに沿岸部では魚介類が豊富です。さしみとして生で食べることもあります。

もっと知りたい！

食膳の脚が折れる！

韓国語で「おかず」は「パンチャン」という。韓国では、お客さまをもてなすために、食膳（料理をならべるテーブル）にならびきらないほどパンチャンをならべることがよくある。そこから、「食膳の脚が折れる！」は、ごちそうへのほめ言葉としてよく使われる。

韓国

配膳のしかた

韓国語でお箸は「チョッカラ」、スプーンは「スッカラ」といいます。どちらもステンレスなどの金属製です。配膳は日本と同じく、ご飯を左側に、汁物を右側に置きます。箸とスプーンは、膳の右側にたてにそろえて置きます（箸が右側、スプーンは左側）。

食べるとき、男性はあぐらをかき、女性は民族衣装のチマチョゴリを着て片ひざを立てるのが正式なすわり方とされています。

片ひざを立ててすわるのが、正式なすわり方。

韓国語の「いただきます」「ごちそうさま」

日本語の「いただきます」と「ごちそうさま」にあたる言葉が韓国語にもある。「いただきます」は、「チャルモッケッスムニダ」。「ごちそうさまでした」は、「チャルモゴッスムニダ」。

でも、これらの言葉は、食前食後にかならずいうわけではない。また、目上の人と食事をするときに「チャルモッケッスムニダ」というと、「ごちそうになります」という意味になる。

韓国の肉料理

肉食文化が朝鮮半島へ伝わったのは、元の時代（13～14世紀）の中国からです。その後、14世紀後半からおよそ500年間続いた朝鮮王朝時代には、肉食を禁止する仏教ではなく儒教が国教とされました。そのため、プルコギなどの肉料理のほか、ソルロンタン（→p31）をはじめとして牛の骨や内臓などでだしをとったスープ料理が発達しました。

「プルコギ」とは、甘辛いたれに漬けた牛肉を汁気が多いまま、独特の鍋で焼き煮した料理。キムチやニンニクなどといっしょに、サンチュやレタスなどの野菜で包んで食べます。

プルコギ

もっと知りたい！
韓国人の「おいしい食べ方」

韓国の人たちは、よくまぜて食べたり、包んで食べたりする。とくにビビンバ（→p31）はよくまぜて食べる。また、ご飯をスープに入れて食べることもある。これは、日本では「ねこまんま」などといわれて、行儀が悪いとされるが、韓国ではもちろんマナー違反ではない。

25

韓国の行事と食

儒教が深く根づいている韓国では、正月をはじめとする年中行事に儒教の影響が強くみられます。食事マナーにも儒教は大きく影響しています。

韓国では、1月下旬から2月上旬（毎年かわる）に旧暦の正月（ソルラル）を祝います。ソルラルの連休には家族や親戚が集まるため、人びとが大移動します。ソルラルの朝は早起きして朝風呂に入り、正月のために新調した服や韓服（女性用のチマチョゴリと男性用のパジチョゴリ）などを着て身支度をして、先祖を敬う儀式「茶礼（チャレ）」をおこないます。テーブルには、和え物や魚・野菜に衣をつけて焼いたジョン（→p31）など、20種類ほどの料理が決められた配置でそなえられます。

旧暦の8月15日の秋夕（チュソク）は、家族や親戚が集まり、秋の収穫に感謝する日です。ソルラル同様、チャレがおこなわれたりお墓参りをしたりします。前日に、松餅（ソンピョン）というもちをつくるならわしがあります。

韓国では、ソルラルやチュソクをはじめ、季節ごとの大事な行事には、特別なおもちがつくられます。誕生日や結婚式のお祝いにもおもちが欠かせません。旧暦の3月3日の桃の節句（サンジンナル）には、ツツジの花をのせて焼いた花餅（ファジョン）が食べられます。

屋外でファジョンを焼く伝統行事。

結婚式では？

結婚式のあとの食事会は、ビュッフェ形式で好きなものをとって食べるのが一般的。伝統的に結婚式の際にかならず出されるのが、ククスとよばれる麺料理。細くて長い麺に、夫婦の仲むつまじさや長寿を願う気持ちがこめられている。「ククスをいつ食べさせてくれるの？」という言葉が、「いつ結婚するの？」という意味で使われることがある。

ソルラルのチャレのようす。ひとりずつ祭壇の前にすわり、ていねいに礼をする。

韓国

4 宮廷料理

韓国の「宮廷料理」とは、朝鮮王朝時代（1392〜1910年）に宮中で食べられていた料理がもとになってできたもの。朝鮮半島の各地域から集まった献上品を使ってつくられたといいます。

● 韓国料理文化の真髄

韓国の朝鮮王朝時代、王には地域の特産品や初物の食材が献上されたので、全国各地の珍味と季節の料理、また節句料理が発達したといいます。宮廷料理は、「宮廷の厨房尚宮（女官）や王孫からの口承、宮廷宴会記録から伝えられた韓国料理文化の真髄」であるといいます。

当時の王の食膳「水刺床（スラサン）」は、白飯と小豆のゆで汁で炊いた赤飯の2種類のご飯と、わかめスープとコムタン（牛肉スープ）の2種類のスープ、チゲ（鍋料理）、煮物、よせ鍋、キムチ、みそ・しょうゆ類が基本となり、それに12種類のおかずがつけられていたとされています。

九節板（クジョルバン）
宮廷料理のひとつ。9つに区切られた八角形の器に盛られた8種類の具を、真ん中に置かれたチョンビン（小麦粉を水でといてうす焼きにしたもの）で巻いて食べる。

神仙炉（シンソンロ）
栄養豊かで、見た目も美しい宮廷料理。切りそろえた具材をならべた鍋にスープを注ぎ、真ん中の火筒に炭を入れて煮こむ。

王の食膳の12種類のおかずの例

● **煎油花（チョニュファ）** 肉、魚、野菜のチヂミ（→p29）

● **片肉（ピョニュク）** ゆで肉

● **熟菜（スクチェ）** 炒め野菜のナムル（→p28）

● **生菜（センチェ）** 生野菜のナムル

● **醤瓜（チャングァ）** 野菜の漬物

ほかに、塩辛、肉や魚の干物、魚の塩漬け、野菜や海草の素揚げなどの乾物、ソンソンイ（ダイコンのキムチ）、チョッククチ（塩辛のハクサイ水キムチ）、トンチミ（ダイコンの水キムチ）、トジャンチョチ（みそ鍋）、チョッククチョチ（塩辛で味つけした鍋）など。

27

5 一日の食事

韓国の一日は、ご飯、キムチ、汁物、ナムル、のり、卵焼きなどの朝食ではじまります。でも、最近ではパンとコーヒーや牛乳という洋食の人もふえてきました。屋台や食堂で食事する人も多くいます。

3食のようす

朝食

ご飯と汁物、つくりたてのおかずやミッパンチャン（常備菜）がならぶのがふつう。ミッパンチャンには、煮物、炒め物、和え物などがある。ぜんまいなどの山菜やモヤシをゆでてゴマ油と調味料で和えた「ナムル」とよばれる和え物は、日本でも知られている。

昼食

昼ご飯は、比較的かんたんにすます。最近では日本と同じように、サンドイッチや麺類を食べる人がふえている。今は、ヂャジャンミョンのような麺類が人気。

ヂャジャンミョン（韓国風ジャージャー麺）
豚肉、タマネギなどをチュンジャンという黒い甘みそで炒めたタレを、ゆでた麺にかけた麺料理。

夕食

ご飯と汁物、キムチを基本として、おかずがたくさんならぶ。中央の汁物はテンジャンチゲ。

韓国の3回の食事すべてに、キムチは欠かせません。食堂（韓国語で「シクタン」）などでは、キムチは無料で提供され、おかわりもできます。

キムチには、トウガラシやニンニクなど刺激の強い香辛料がふくまれているため、日本ではキムチを食べる幼児はまずいません。ところが韓国では、幼児も辛味を水で洗いおとして食べるといいます。子どもたちは、そうして小さいころからキムチを食べ、じょじょに慣れていくのです。

また「テンジャンチゲ」とよばれる、日本のみそ汁と似ているスープも朝食、昼食、夕食のいずれにも出されます。テンジャンは日本のみそとくらべると香りが強く、煮こむほど風味がよくなるといわれています。

もっと知りたい！

韓定食

韓定食は、朝鮮王朝時代の宮廷料理（→p27）にはじまる韓国の豪華な宴会料理のこと。最近では、品数（皿の数）が多い定食がそうよばれている。

韓国

屋台文化

市場や繁華街、まちの道ぞいには屋台がかならずあります。韓国の人びとは、日常生活で屋台や食堂を気軽に利用しています。

また、近年は「プンシクチョム」という、小麦粉などを使った料理を中心とした軽食を提供する店が人気だといいます。手ごろな価格で、軽い食事や間食をとることができます。プンシクチョムの食事には、汁物とキムチがつくのがふつうです。

トウイギム
韓国風の天ぷら。

スンデ
ぶたの腸に春雨や野菜などをつめたもの。

トッポッキ
細長いもちをキャベツやタマネギなどとともにコチュジャンベースの甘辛いたれで炒めたもの。

オデン
竹串にさした練り物をスープで煮たもの。

キムパプ
韓国風のり巻きのこと。キムは「のり」、パプは「ご飯」の意味。

プンオパン
「プンオ」とはフナのこと。日本のたい焼きに似ている。

ポンデギ
カイコのさなぎを煮たもの。

ホットク
黒砂糖とシナモンを小麦粉やもち粉でつくったモチモチの生地で包み、平たくして揚げたもの。

チヂミ
野菜や肉、魚介類などが入ったお焼き。多めの油でカリッと焼かれている。

もっと知りたい！
出前文化

韓国では出前のことを「ペダル」という。「チョルカバン（鉄かばん）」とよばれる、金属でできたおかもちをつけたオートバイが走りまわっている。市場では、頭にアルミ製のお盆をのせた女性がペダルをしているのをよく見かける。お盆には定食がのっている。キムチチゲやテンジャンチゲのような汁物も、頭の上にのせて運ぶという。人気のメニューは、フライドチキンやヂャジャンミョン（→p28）など。

29

6 薬食同源

韓国には、中国と同じように「薬食同源」（→p39）という言葉があります。「食こそが体には重要」という考え方で、韓国人のなかに深く根づいています。

● 五味・五色

韓国の人は「○○を食べると△△によい」という話をよくします。昔から健康にすごすには、体によいものを食べることがたいせつだと考えられてきました。そして、右に示したような5種類の味と5つの色（五味・五色）をそろえることがよいとされてきました。

これは、中国で生まれた「陰陽五行」*という思想が背景にあります。色とりどりの具をのせるクジョルパン（→p27）やビビンバ（→p31）、五味があわさった五味子（オミジャ）茶などに、「五味・五色」があらわれています。

「五味・五色」の具でかざりつけられた焼き魚。

五味
- 塩味：塩、しょうゆ、みそ
- 苦味：ショウガ
- 甘味：砂糖、ハチミツ、みずあめ、果物
- 辛味：トウガラシ、コショウ
- 酸味：酢、果汁

五色
- 赤：ニンジン、赤トウガラシ
- 黒：シイタケ、イワタケ、ノリ、ワカメ、肉
- 白：白菜、ダイコン、卵の白身
- 緑：ホウレンソウ、キュウリ、ピーマン
- 黄：卵の黄身、タケノコ

甘味・酸味・苦味・辛味・塩味の五味がふくまれているオミジャ茶。

日本では「医食同源」

日本では、「薬食同源」を「医食同源」ということが多い。これは、1972年にNHKの料理番組で、臨床医・新居裕久氏が発表したもの。すなわち、健康長寿と食事についての話題のなかで、中国に古くからある薬食同源思想を紹介するときに「薬」を「医」にかえてつくった造語。その後、「医食同源」が本家の中国でも使われるようになった。

---

*「陰陽論」と「五行説」という思想を組み合わせて、宇宙の生成や自然のめぐり、人事のあり方など、あらゆる現象を説明するのに用いられた考え方。

韓国観光公社のアンケート

2012年、韓国観光公社は創立50周年を記念して、韓国代表料理トップ10を選ぶアンケートをおこないました（日本語圏回答者2407人、重複回答可能）。日本人に人気の韓国料理トップ10は次のとおりです。

1位　サムゲタン
内臓を取りだしたニワトリの腹の中に、もち米やナツメ、ニンニク、高麗人参、ショウガなどをつめて、鍋で長時間煮こんだ料理。韓国では一年でもっとも暑い期間に、暑さに勝つためにサムゲタンを食べる。

2位　サムギョプサル

細長く切った豚のばら肉を鉄板でパリッと焼いた、韓国でもっとも人気のある肉料理。キムチやタマネギ、ニンニクなども焼いて肉に包んで食べるのが一般的。「サム」は「包む」の意味。

3位　焼肉

カルビ（ばら肉）を焼いて、サンチュやエゴマの葉で包んで食べる。サムジャン（みそや甘辛いみそだれのコチュジャン、ゴマ油などをまぜた専用のみそ）をつけて食べる。

4位　ビビンバ
ご飯にさまざまな具を入れて、コチュジャンを加えてよくまぜて食べる料理。

5位　スンドゥブチゲ
「スンドゥブ」とは、豆腐のこと。チゲは鍋物のこと。

6位　タッカンマリ
スープをとるのに使った丸ごと1羽のニワトリを、食べやすい大きさにハサミで切りわけ、たれにつけて食べる料理。最後にスープに麺を入れて食べる人も多い。

7位　ジョン
肉、野菜、海産物などをうす切りやみじん切りにし、小麦粉の衣をつけて焼いた料理。

8位　キムチチゲ
すっぱくなるほどに発酵させたキムチに、豚肉や牛肉などを加えて煮こんだ鍋物。

9位　ソルロンタン
牛肉や牛の足の骨、内臓などを10時間以上煮こんだ乳白色のスープに、そうめん、ご飯などを入れて、塩・コショウで味つけしたもの。キムチとともに食べる。

10位　チャプチェ
ゆでた春雨に、数種類の野菜をそれぞれ炒めてからまぜあわせた料理で、祭りや正月などに欠かせない一品。

中国

紀元前5000年ごろ、黄河流域に古代文明が発生。悠久の歴史のなかで、中国は独自の文化を発展させ、周囲に大きな影響をあたえてきました。

正式名称／中華人民共和国
人口／約13億7600万人
国土面積／約960万km²(日本の約26倍)
首都／北京

言語／漢語(中国語)
民族／漢民族および55の少数民族
宗教／仏教、イスラム教、キリスト教など

1 中国の風土と食文化

世界一人口の多い国。漢民族が人口の90％以上で、そのほかに55の少数民族がくらしています。日本の約26倍もある国土は広大で、北東部は冷帯、北西部は乾燥帯、東部の大部分は温帯と、気候は変化に富んでいます。

● 中国料理の特徴

中国は国土が広く、地域によって気候風土が大きく異なり、料理も地方によって異なります。しかし、日本料理や西洋料理にくらべて強い火力を用いる炒め物が目立ち、油(ラード、ゴマ油など)を多用することや、温かい食事をとることを重視して、生野菜の使用や冷たい料理は少ないなど、各地で共通することも多くあります。

また、お箸や食器、食事マナーなどもほぼ同じです。食事のしかたも、大皿料理を何皿もならべたテーブルを何人かでかこみ、各自が自分のお箸で料理を皿にとって食べるのがふつうです。真ん中の台が回転する独特の円卓が使われることもあります。

中国料理の円卓。お箸はたてにならべられ、レンゲも準備されている。

中国料理の地方色

中国の北部では、ご飯や粥も食べますが、小麦粉を使う料理が多く、小麦粉でつくった饅頭（蒸しパン）や包子（まんじゅう）をよく食べます。また、油がよく使われ、揚げ物、炒め物などが多くみられます。北部の代表的な料理が北京料理です。

南部では米がよく食べられます。広東料理や上海料理では、米の粉でつくった麺（ビーフン）を、炒めたり汁物にしたりして食べます。また、魚介類が多く使われるのが特徴です。

味は、北京など北部では塩辛いものが好まれ、広東省などの南部では甘口で比較的うす味の料理がつくられます。一方、西部の内陸部では、四川料理を代表とする、香辛料をきかせた辛い料理が特徴です。

北京料理

中国は古くから北方民族の侵入にたびたびなやまされてきました。13世紀にはモンゴル族が南下して「元」を、17世紀半ばから20世紀には満州族が「清」を建国しました。これらの国の首都はいずれも現在の北京に置かれました。そのため、北京では、北方の遊牧民族の文化や習慣が食文化にも取り入れられたのです。

中国の首都北京を中心に、宮廷料理として発達したのが「北京料理」です。宮廷の料理人の多くが北京に近い山東省出身者であったり、貴族に東北地方出身者が多かったりしたため、山東省や東北地方などの料理がまざって、北京料理ができたと考えられています。北京は寒くて乾燥した地域なので、油っこく、塩味を中心とした濃い味つけが特徴。アヒルに水あめをぬって、オーブンで焼きあげた料理「北京ダック」が有名です。

北京ダック
アヒルを1羽丸ごと炉で焼いた豪華な料理。パリパリの皮がおいしい。

万里の長城。今から2000年以上前に、異民族の侵入をふせぐためにつくられた世界最長の建造物。

上海料理

上海とそのまわりの蘇州や杭州といった中国東部の料理全般をさして「上海料理」または「江蘇料理」とよびます。米がたくさんとれる地域なので、主食であるご飯のおかずになるような、しょうゆや砂糖を使ったコクのある味つけの料理が多くみられます。また、米からつくる酒や酢を料理に利用することや、東シナ海や長江からとれる魚介類をふんだんに使うことも、上海料理の特徴。最高級の緑茶とされる杭州の龍井茶、もち米を原料にした紹興酒などもこの地域でつくられています。上海料理に多く使われる魚介類のなかでも、淡水産の上海ガニはとくに有名です。

上海は、中国最大の経済都市であると同時に、中国最大の港。

上海ガニ
秋が旬の、中国料理の高級食材。ゆでたり、炒めたり、揚げたりと、いろいろな調理法がある。

もっと知りたい！
前菜、大菜、点心

中国料理は、「前菜」「大菜」「点心」からなりたっている。

「前菜」には、冷盆（冷たい前菜）と、熱盆（温かい前菜）がある。

「大菜」は、食事の中心となる料理。湯菜（スープ）、揚げ物、炒め物、煮こみ物、蒸し物、あんかけ物など、食材も料理法もいろいろ。

「点心」は、前菜と大菜以外の軽食をさす。胡麻団子、杏仁豆腐などの甘いものもあれば、餃子、シュウマイ、包子（中華まん）など、甘くない点心もある。

ゆで肉やクラゲなどの冷たい前菜。

エビの炒め物や肉みそ炒めなどの大菜。

甘くない点心。

甘い点心。

中国

広東料理

中国南部の沿岸地域である広東省は、穀物や野菜、海や川で新鮮な魚介がとれるなど、豊富な食材にめぐまれています。「広東料理」は、その豊富な食材を使い、あっさりと味つけするのが特徴。料理に使われる調味料は数百種類にのぼるともいわれ、「食は広州にあり」といわれるほど、独自の食文化をほこっています。また、お茶を飲みながら点心を食べる「飲茶」という習慣がうまれました。

広州は古い歴史をもつ広東省の省都。写真は、広州でもっとも古い建築物とされる、六榕寺の千仏塔。

飲茶では、点心類を竹や木でできた小さな蒸し器に入れたままテーブルに出すことも多い。

動物の形に細工された、かわいい点心。

四川料理

中国内陸部の長江上流域にある四川省の郷土料理をさして「四川料理」とよぶのが一般的です。もっと広く雲南省などの料理もふくめ、サンショウやトウガラシなどの香辛料をきかせたしびれるように辛い料理を四川料理とよぶこともあります。中国では昔から、湿度が高い気候では辛いものを食べて汗をかくのが健康によいと考えられています。四川料理が辛い理由のひとつも、ここにあるといわれています。

© 中国国家観光局（大阪）
代表的な四川料理として知られている、肉と豆腐を豆板醤や豆などを使って辛く炒め煮した「麻婆豆腐」。

「墨絵の世界」とよく形容される、雲南省桂林の景色。

もっと知りたい！
飛行機と机以外は何でも食べる！

「広東の人は、飛ぶものは飛行機以外、四本足のものは机以外、何でも食べる」とオーバーな表現がされるほど、さまざまな食材を料理に使う。ツバメの巣、フカひれ、カエル、ヘビ、トカゲ、カイコのさなぎ、犬なども食材にしてしまう。

フカヒレや乾燥アワビとならぶ中華の高級食材、ツバメの巣。イワツバメが、だ液だけでつくった皿形の巣。独特のゼリー状の食感が特徴で、スープの具やデザートの素材に用いられる。

もっと知りたい！
香港の料理

香港は、九龍半島と香港島ほか235の島をふくむ地域。面積は、日本の沖縄本島と同じぐらい。1842年から99年間イギリスの統治下に置かれていた。
香港には広東からの移住者が多いため、香港の料理は広東料理がもとになっていて、飲茶も根づいている。

香港の港には、広東料理を食べさせる海上レストランがあり、観光客に人気がある。

2 一日の食事

現代の中国、とくに都市部では夫婦共働きで、子どもはひとりといった家庭がほとんどです。そうした中国では、朝食や昼食も屋台がにぎわっていますが、夕食だけは、家族そろって各家庭で食べることが多いといいます。

● 朝食のようす

かつての中国では、朝食には、白い粥と漬物、または小麦粉からつくった包子（まんじゅう）と野菜炒めと漬物（ザーサイ、キュウリ、ダイコンなどさまざま）、アヒルの卵を保存加工したピータンや、納豆に似た発酵食品をいっしょに食べるのがふつうでした。

ところが現在は、朝食は屋台ですます人が多くなってきました。屋台の料理は品数も豊富で値段も安く、毎日屋台で朝食という人もいます。よく食べられているメニューとしては、餃子や包子、拉麺（ラーメン）、粥など。また、饅頭（蒸しパン）や油条（細長い揚げパン）を近所の屋台で買ってきて、家で豆乳といっしょに食べる家庭もあります。

砂糖を入れて温めた甘い豆乳に油条をひたして食べることが多い。

油条を売る店。

典型的な中国の朝食。

● 長いランチタイム

中国では、1時間半から3時間ていど（夏季と冬季は異なる）の長いランチタイムがあります。そのため、昼食は家に帰って食べたり、屋台でゆっくり食事をしたりすることができます。学校にいっている子どもたちは、家に帰って食べることが多いといいます。冷たい物を好まない中国では、お弁当はあまり食べません。

もっと知りたい！
辣油・みそ・黒酢

日本でもよく知られている中国の独特の調味料には、次のものがある。

ラーユウ 辣油
植物油にトウガラシの辛味をうつした調味料。

トウバンジャン 豆板醤
おもにそら豆を発酵させ、トウガラシを加えた辛い調味料。麻婆豆腐やエビのチリソース煮などに使われる。

くろず 黒酢
もち米を発酵・熟成させてつくる酢。料理の味つけだけでなく、お粥にかけたり、包子につけたりして食べる。

ティエンメンジャン 甜麺醤
小麦粉にこうじを加えて発酵させてつくる甘みそ。北京ダックのつけみそなどに使われる。

フールー 腐乳
豆腐を塩漬けにして発酵させたもの。そのまま食べることもあるが、青菜炒めの味つけなど、調味料としても使われる。

中 国

家族そろって夕食

夕食は家族そろって食べることが多いといわれていますが、その夕食も近年では屋台を利用する人がふえています。

夕食のメニューは、家庭でも屋台でもご飯を中心として、野菜や肉、魚を炒めたものと、煮物類、スープなど、多種類の料理を食べます。

外食文化

中国では、庶民的な屋台や食堂から、高級なレストランまで、外食産業はにぎわいをみせています。一般の人も、一日のうち1食は屋台でとるといわれるほど、外食をよくします。朝から家族で屋台で食事をとり、そのまま職場や学校へいくということもめずらしくありません。

屋台といっても、道路わきの露店から、フードコートの中の屋台など、店の形態もさまざまです。

また、都市部では、麦当労（マクドナルド）や肯徳基（ケンタッキー）などアメリカのファストフード店もあり、利用する人が多くいます。

フードコートの一角で食事をする家族。

市場とスーパーマーケット

中国のどのまちにも、庶民の台所ともいうべき市場があります。地方では、昔ながらの青空市場をよく見かけますが、都市部では建物の中の市場が多くなりました。市場では、野菜・肉・魚など生鮮食品から茶葉や漢方薬まで、さまざまなものが売られています。

さまざまな野菜がならび、活気あるかけ声がひびく野菜市場。

最近、北京や上海など沿岸部の大都市には、こうした市場がなくなったわけではありませんが、スーパーマーケット（中国語では「超市」という）がどんどんできています。

スーパーマーケットでは、昔ながらの市場では見られない、輸入食料品や冷凍食品が販売されている。

台湾の屋台

中国と同じ漢民族が多い台湾の食文化は、よく似ている。朝食に豆乳や油条（→p36）を食べ、屋台もよく利用する。都市部の屋台は、夜おそくまで多くの人でにぎわっている。

37

3 中国の行事と食

春節（旧暦の正月）と、旧暦1月15日の元宵節、5月5日の端午節、8月15日の中秋節は、中国の四大祭といわれます。これらの伝統的な祭日には、中国の人びとは特別な食べ物をつくってお祝いします。

● 真っ赤なお正月、春節

旧暦の正月「春節」は、中国の人にとってもっともたいせつな行事です。日本など一般に使われている太陽暦では、この日は毎年ずれますが、だいたい1月下旬～2月中旬になります。

この日、中国の町はどこもかしこも真っ赤になります。元旦の前夜（大晦日）には、「年」という化け物がくるとされ、この化け物を追いはらうために、どこの家も門や玄関に縁起のよい字句を書いた赤い札をはるからです。赤は邪気をはらう色だとされているのです。また、縁起をかついで、「福」の字をわざと上下逆さまにしてかべにはることもあります。それは、「福倒了（福を逆さまにする）」という言葉が、「福到了（福がきた）」と発音が同じだからです。

「福」の字を上下逆さまにはる。

春節には、寺に初詣にいく。赤い色でかざりつけられた寺の縁日は大にぎわい。

● 春節のごちそう

中国では、元旦ではなく、大晦日に親族が集まり、みんなでごちそうを食べます。この食事（年越し料理）を「年夜飯」といいます。中国は広いので、年夜飯のごちそうは地方によっていろいろですが、魚や鶏肉、麺を使ったものが中心。それぞれの料理には、日本のおせちと同じく、おめでたい意味がこめられています。

春節には、赤い色のものを部屋にかざり、民族衣装を着て、家族で年夜飯をかこむのをならわしとしている家庭も多い。

また、春節になくてはならない食べ物に、餃子ともちがあります。とくに北京など中国の北方では、家族みんなで餃子をつくるのが伝統になっています。春節に餃子を食べるのは、餃子の形が中国の昔のお金に似ていることから、「裕福になる」という願いがこめられているのです。日本で餃子といえば「焼き餃子」のことをさしますが、中国ではゆでた「水餃子」が一般的です。

家族いっしょに、餃子の皮をめん棒で引きのばし、具を包んで餃子をつくる。

中国の春節のもちは、米やキビからつくられる。甘いものも塩味のものもある。

上海の観光地、豫園でおこなわれるランタンフェスティバル。

元宵節

旧暦1月15日は、新年最初の満月の日で、元宵節という祭日です。この日を中心に前後数日間、家いえの軒先やまち角には色とりどりのランタンがともされます。人びとは、家族そろってもち米のだんごを食べて、春節をしめくくります。

まん丸いだんごを食べて、家族円満を願う。

端午節

端午節は旧暦の5月5日に祝われる節句です。この日には、厄よけのために薬草をつんだり、しょうぶ湯に入ったりします。そして、ちまきを食べ、伝統のボートレースをおこなうのがならわしとなっています。このならわしの起源は、中国古代の政治家でもあった屈原という詩人の次のような伝説に由来するといわれています。

> 正義感が強く、民衆にもしたわれていた屈原が、国の将来を悲観して川に身を投げた。その話を聞いた人びとはすぐに屈原を救おうと、船でいっせいに捜索に向かった。そして、屈原が魚に食べられないよう、競って船からちまきを川にまいたり、太鼓をたたいたりして魚を追いはらった。

現在では、ちまきは多くの種類がつくられています。形は三角形のものが多いですが、円筒形のものや角形のものもあります。ちまきの中身には、もち米のほか、地方によりクリやナツメを入れたり、肉やハム、卵などを入れたりします。

日本のちまき(→p7)はもちを包むが、中国のちまきは味をつけたもち米を包む。

中秋節

旧暦の8月15日は、名月を観賞する中秋節という祭日です。この日には、月餅というお菓子を食べる習慣があります。月餅は、きざんだ松の実などを入れたあずきあんを、小麦粉をこねてつくったうすい生地に包み、月餅型に押しつけて形をつくり、焼いたものです。

月餅型に生地を押しつけて形をつくる。　月餅のもようは、いろいろ。

食べるものはすべて薬

中国には、古くから「食事によって病気を治す」、あるいは「食事によって病気を未然にふせぐことができる」という考え方(薬食同源)がある。その考えのもと、「漢方」とよばれる伝統医学では、伝統的に生薬が取り入れられてきた。「生薬」とは、植物・動物・鉱物などをそのまま、または性質をかえないでいどに切ったり、くだいたり、乾燥させたりして薬としたもののこと。ゴマやショウガも生薬の一種。

4 自治区の食文化

中国はとても広い国。少数民族にあるていどの自治をみとめながら、中国に組みこんでいる自治区が5つあります。自治区では、まちのようすも、人びとのくらしも独特のものがあります。ここでは、そのうちの3つの自治区の独特の食文化をみてみましょう。

新疆ウイグル自治区

中国の最西部に位置する新疆ウイグル自治区は、タジキスタン、カザフスタンなどの中央アジアの国ぐにと国境を接し、イスラム教を信じるウイグル族が多く住む地方です。区都はウルムチ。

新疆ウイグル自治区のカシュガルにある、中国で最大のイスラム教の礼拝堂、エイティガールモスク。

中央アジアにもある麺料理「ラグマン」。ウイグルでは、トマト味のソースをかけることが多い。

内モンゴル自治区

内モンゴル自治区の人口の80%は漢民族で、モンゴル族だけでなく、回族などの少数民族も住んでいます。都市の郊外には緑の大草原も広がっていますが、モンゴル国（→p42）とちがい、内モンゴルのモンゴル族は遊牧生活を送ることはなく、定住型の牧畜や農業などをおこなっています。区都フホホトは、人口100万人をこえる都会です。

食事は、羊や牛の肉と乳製品を、中国料理の料理法で調理したものが中心です。

黄色い屋根の建物は、モンゴル族の信者が多いチベット仏教の寺院。背後にフホホト市街のビルが見える。

「火鍋」とよばれる、辛味の強い羊肉の鍋料理。火鍋は、中国各地で食べられているが、内モンゴルの羊肉料理が発祥だという説がある。

チベット自治区

チベット高原の、もともとチベット民族が独自の文化をはぐくんでいた地域。エネルギーやビタミン補給のためにバター茶がよく飲まれています。ここでは、チベット仏教が生活の柱となってきました。区都はラサ。

チベット仏教の聖地となっているポタラ宮。

バター茶は、煮出した茶に、ヤクや羊からつくったバターと塩を入れてつくる。

これも餃子？

餃子は、ひき肉を主とする具材を小麦粉の生地で包んだものですが、よく似た食べ物が各地にあります。各地の食文化にとりこまれた餃子の仲間は、名前はもちろん、形や調理法はいろいろです。

中国

小籠包
肉汁たっぷりの蒸しまんじゅう。

中国

水餃子
ひき肉、エビ、春雨、キクラゲなど、いろいろな具材が使われている。

ロシア

ペリメニ
ひき肉や野菜をうすい生地で包み、ゆでて、とかしバターやサワークリームをかけて食べる。

モンゴル

ボーズ
厚めの皮に羊肉の具を包んだもの。蒸してモンゴルのしょうゆをつけて食べる。

ブータン　ネパール

モモ
ひき肉や野菜を包んだ蒸し餃子。ブータンでは、しょうゆやトウガラシ入りのたれをつけて食べる。ネパールでは、トマト味やゴマ味などのたれをつけて食べる。

トルコ

マントゥ
小さく切った生地に羊や牛のひき肉の具を包んだ、ひと口サイズの水餃子。ニンニク入りのヨーグルトソースかトマトソースをかけて食べる。

ジョージア

ヒンカリ
厚手の生地にひき肉やタマネギなどの具をのせ、ギュッとしぼって形づくる水餃子。小籠包と同じく肉汁たっぷり。

41

モンゴル

13世紀はじめにチンギス・ハンがきずいたモンゴル帝国の歴史を受けつぐ国。1924年にモンゴル人民共和国が成立。1992年にモンゴル国となりました。

正式名称／モンゴル国
人口／約306万人（2015年モンゴル国家登記・統計庁）
国土面積／156万410km²（日本の約4倍）
首都／ウランバートル

言語／モンゴル語、カザフ語
民族／モンゴル人（全体の95％）、ほかにカザフ人など
宗教／チベット仏教

1 モンゴルの風土と食文化

国土の大部分をしめる広大な草原で、モンゴル人は遊牧民族として、伝統的に羊や山羊、馬、ラクダなどの放牧をおこなってきました。モンゴルの食文化は、こうした遊牧生活からつくられてきました。

● 移動式住居、ゲル

遊牧生活を送る人びとは、家畜のエサとなる草がなくなると、生活する場所を移動しなければなりません。そのため、モンゴルの放牧民はゲルとよばれる移動式住居で生活し、調理器具も必要最低限のものしかもちません。

ゲルは、木・フェルト・布などでできていて、組み立てや解体、運搬がかんたんにできます。雨風や寒さもふせぐことができます。モンゴル高原のきびしい自然に負けない、非常に機能的な家です。

ゲルの内部。ベッドやテーブル、仏壇もあって、ふつうの家のよう。天井からぶら下がっている白いものは、アーロール（→p43）。

モンゴル

白い食べ物、赤い食べ物

モンゴルの食べ物は、「白い食べ物」と「赤い食べ物」に大きく分けられます。

○ **白い食べ物**
羊、山羊、馬、牛の乳からつくられる乳製品。

● **赤い食べ物**
肉そのものか、肉からつくられる料理。

モンゴルでは、山羊や羊、牛、馬などの家畜がもっとも貴重な食材です。遊牧民は、かつては、夏に白い食べ物を、冬には赤い食べ物を食べていたといいます。野菜や果物を食べる機会がない遊牧民は、乳製品や家畜の血や内臓からビタミンやミネラルを摂取してきたのです。

もちろん現在は、乳製品も肉も季節にかかわらず食べられます。野菜も年じゅう手に入れられるようになり、伝統的な「白い食べ物」「赤い食べ物」に野菜が加わり、モンゴルの食文化は大きく変化してきています。

白い食べ物

ステーツァイ
モンゴルのミルクティー。茶をわかし、そこにたっぷりの家畜の乳を注いでつくる。

モンゴルでは、お客さんがくると、まずステーツァイを出して、歓待する。

アイラグ
馬の乳を発酵させてつくる馬乳酒。アルコール濃度が1～2％と低く、モンゴルでは子どもも飲むことがあるという。

モンゴルでは、昔から馬が軍用や交通手段として利用されてきたため、馬の飼育がさかんだった。このため、馬乳を利用する食文化が発展した。

アーロール
牛や羊の乳からつくる、モンゴルのチーズ。よく乾燥させたアーロールは少し黄色っぽく、とてもかたい。

アーロールは、ゲルの屋根で天日干ししたり、ゲルの天井からつるしたりしてつくる。

赤い食べ物

チャナスン・マフ
骨つきの肉を塩でゆでただけの料理。歯でかぶりついて食べたり、ナイフで肉をそいで食べる。

首都ウランバートルの中央スタジアムで盛大におこなわれた、国家ナーダムのオープニングセレモニー。

2 モンゴルの行事と食

モンゴルには、「ナーダム」という国民的行事があります。ナーダムはモンゴル各地で開催されますが、最大の規模のものは、国家主催の国家ナーダムです。

民族衣装を身につけてナーダムにやってきた少女。

● ナーダムの楽しみ

ナーダムは、7月11日の革命記念日にちなんで、7月11〜13日の3日間にわたって開催されます。ナーダムのメインイベントは、レスリング（モンゴル相撲）・競馬・弓の3競技。競技に出場する子どももいます。大人も子どもも競技の応援に声をからし、ホーショール（揚げ餃子のような食べ物）やボーズ（→p41）を食べたり、アイラグやステーツァイを飲んだりして、祭りを楽しみます。

モンゴル相撲は、競技者も審判も、独特の衣装と帽子をつけておこなう。

モンゴルの人気料理、ホーショール。小麦粉を練った生地に、細かく切った羊肉などを包み、油で揚げたもの。

ナーダムの時期、大勢の人にふるまうために、女性たちはホーショールをたくさんつくる。

モンゴル

3 現代のモンゴルのくらし

モンゴルは草原と砂漠だけの国ではありません。モンゴルには都市があり、そこには全人口の約半分が住んでいます。最大の都市は、首都のウランバートルです。

変化する食文化

最近10年ぐらいのあいだに地方から都市へ人口が流れ、ウランバートルの人口は100万人に達しました。また、外国（韓国、アメリカ、ドイツ、日本など）に、働くためや留学のためにいく人もいます。

遊牧民としてくらしていたころは、食べ物はほとんど肉と乳製品だけで、日常的に馬に乗り、民族衣装を着ました。ところが、都市には、スーパーマーケットやケンタッキーフライドチキンのようなファストフード店もできてきました。都市に定住する人びとがふえ、モンゴルの食文化が変化してしまうのではないかと、心配する声も聞こえます。それでも、人気のある料理は、ホーショールやツォイバンなど、昔からつくられてきたモンゴル料理です。

また、都市に住む人はバスや自動車で移動し、馬に乗れない人もいます。民族衣装は、日本と同じように「晴れ着」となってしまいました。

しかし都会の人も、機会があるごとに、草原のさわやかな空気を感じるために地方に向かいます。

ボルツ
おもに牛肉を干してつくる乾燥肉。モンゴルは空気が乾燥しているため、カラカラにかわき、とっても軽くて食べやすい。

ツォイバン
小麦粉でできた麺と肉や野菜を油で炒めた、モンゴルで人気の料理。塩味の焼うどんのような感じ。

ナーダムのとき、民族衣装を着せてもらってよろこぶ子どもたち。

もっと知りたい！
モンゴルはお箸の国だった

現在モンゴルでは、食事はナイフとフォークを使うのが一般的だが、以前は、ナイフとお箸を使っていた。ナイフは骨から肉をそぎおとすために使い、お箸で食べ物を口に運んでいた。

写真は、日本で蒙古刀とよばれている、モンゴルの伝統的な短刀とお箸。昔のモンゴルの人は、ヘトとよばれるさやに短刀とお箸を収納して携帯していたという。ヘトの装飾やかざりひもはとても美しく、芸術品のようだ。

巨大なビルができた、ウランバートル。

さくいん

あ

アーロール ……………………… 42、43
アイラグ ………………………… 43、44
赤い食べ物 ……………………………… 43
飯ずし …………………………………… 12
イスラム教 ……………………………… 40
一汁三菜 ………………… 6、8、9、24
稲作 ……………………………………… 6、8
いぶりがっこ …………………………… 13
内モンゴル自治区 ……………………… 40
うま味 …………………………………… 10
ウランバートル ……………… 42、45
ウルムチ ………………………………… 40
江戸前ずし ……………………………… 12
おかず ……………… 17、18、24、27
オデン …………………………………… 29
オミジャ茶 ……………………………… 30

か

会席料理 ………………………………… 9
懐石料理 …………………………… 9、19
カキの土手鍋 …………………………… 14
カクテキ ………………………………… 23
かつお節 ………………………………… 10
粥 …………………………… 21、33、36
からしレンコン ………………………… 14
韓定食 …………………………………… 28
広東料理 …………………………… 33、35
漢方 ……………………………………… 39
キムジャン ………………………… 20、21
キムチ …… 20、21、22、23、25、
27、28、29、31
キムチチゲ ………………………… 29、31
キムパプ ………………………………… 29
宮廷料理 ……………………… 27、28、33
餃子 ……………………… 34、36、38、41

郷土料理

郷土料理 ………………………………… 14
クジョルバン ……………………… 27、30
クッパ …………………………………… 24
黒酢 ……………………………………… 36
月餅 ……………………………………… 39
ゲル ……………………………… 42、43
元宵節 ……………………………… 38、39
ご飯 … 6、9、17、19、24、25、
27、28、29、33、34、37
五味・五色 ……………………………… 30
広州 ………………………………… 33、35
こんぶ …………………………………… 10

さ

菜箸 ……………………………………… 19
サムギョプサル ………………………… 31
サムゲタン ……………………………… 31
サムジャン ……………………………… 31
サンチョプパンサン …………………… 24
四川料理 …………………………… 33、35
漆器 ……………………………………… 16
上海 ………………………… 33、34、37
上海ガニ ………………………………… 34
上海料理 …………………………… 33、34
儒教 ………………………………… 25、26
主菜 ……………………………………… 6、17
主食 ……………………………… 6、17、34
旬 ………………………………………… 7
春節 ……………………………………… 38
正月 ……………… 8、19、26、31、38
紹興酒 …………………………………… 34
少数民族 …………………………… 32、40
しょうぶ湯 ………………………… 7、39
しょうゆ ……… 10、11、21、27、
30、34
小籠包 …………………………………… 41
食事バランスガイド …………………… 17

食事マナー

食事マナー ……………………… 15、26、32
ジョン ……………………………… 26、31
汁物 ……… 6、9、15、18、24
25、28、29、33
白い食べ物 ……………………………… 43
白キムチ …………………………… 22、23
ジンギスカン …………………………… 14
信州ソバ ………………………………… 14
シンソンロ ……………………………… 27
新疆ウイグル自治区 …………………… 40
スープ …… 15、18、25、27、28、
29、34、37
すし ……………………………………… 9
ステーツァイ ……………………… 43、44
スプーン …………………………… 18、25
スンデ …………………………………… 29
スンドゥブチゲ ………………………… 31
前菜 ……………………………………… 34
千枚漬け ………………………………… 13
ソウル …………………………………… 20
ソルラル ………………………………… 26
ソルロンタン ……………………… 25、31

た

大菜 ……………………………………… 34
台湾 ………………………………… 32、37
高菜漬け ………………………………… 13
だし ……………………………………… 10
タッカンマリ …………………………… 31
タラのじゃっぱ汁 ……………………… 14
端午節 ……………………………… 38、39
端午の節句 ……………………………… 7
チゲ ……………………… 24、27、31
チヂミ …………………………………… 29
チベット自治区 ………………………… 40
ちまき ……………………………… 7、39
チマチョゴリ ……………………… 25、26

超市（チャオシー）……37
ヂャジャンミョン……28
チャナスン・マフ……43
チャプチェ……31
ちゃんこ鍋……14
中秋節……38、39
中秋の名月……7
昼食……28、36
チュソク……26
長江……33、34
朝食……17、28、36
チョンガクキムチ……23
ツォイバン……45
漬物……11、13、17、20、27、36
ツバメの巣……35
甜麺醤（ティエンメンジャン）……36
出前文化……29
テンジャンチゲ……28、29
点心……34、35
天ぷら……9
トゥイギム……29
トウガラシ……22、23、28、30
豆乳……36、37
豆板醤……35、36
トッポッキ……29
取り箸……15、19

な

ナーダム……44、45
七草粥……7
ナムル……20、28
奈良漬け……13
なれずし……9、12
煮干し……10
ネギキムチ……23
年夜飯……38

野沢菜漬け……13

は

包子（バオズ）（まんじゅう）……33、34、36
箸……15、16、18、19、25、32、45
バター茶……40
発酵……10、11、12、13、21、22、23、31、36、43
馬乳……43
はらこ飯……14
ビーフン……33
火鍋……40
ビビンバ……25、30、31
ヒンカリ……41
ふなずし……12
フホホト……40
プルコギ……21、25
プンオパン……29
北京（ペキン）……32、33、37
北京ダック（ペキン）……33
北京料理（ペキンりょうり）……33
へしこ……12
べったら漬け……13
ペリメニ……41
庖丁師……19
ホーショール……44、45
ボーズ……41、44
ポッサムキムチ……23
ホットク……29
ボルツ……45
香港（ホンコン）……33、35
本膳料理……9
ポンデギ……29

ま

麻婆豆腐（マーボーどうふ）……35、36

松前漬け……13
真魚箸……19
饅頭（マントゥ）（蒸しパン）……33、36
マントゥ……41
水キムチ……22、23、27
みそ……10、11、21、27、28、36
ミッパンチャン……28
無形文化遺産……8、20、21
蒙古刀……45
もち……26、38
モモ……41
桃の節句……7、26
モンゴル相撲……44

や

焼肉……31
薬食同源……30、39
屋台……29、36、37
飲茶……35
ヤンニョム……20、21
夕食……28、36、37
遊牧……40、42
洋食……8、17
油条（ヨウティオ）……36、37

ら

辣油（ラーユウ）……36
ラグマン……40
ラサ……40
ラフテー……14
ランタンフェスティバル……39
レンゲ……18、32

わ

わさび漬け……13
和食……8、9、17、20

■監修
青木ゆり子
e-food.jp 代表。各国・郷土料理研究家。世界の料理に関する執筆をおこなっている。2000年に「世界の料理 総合情報サイト e-food.jp」を創設。日本と海外をつなぐ相互理解・交流を目指し、国内外の優れた食文化に光を当てて広く伝える活動をおこなっている。これまで、国際的ホテルの厨房で、60か国以上の料理メニューや、外国人客向けの宗教食ハラール（イスラム教）やコーシャ（ユダヤ教）、ベジタリアン等に対応する国際基準の調理現場を経験し、技術を習得。また、東京にある大使館、大使公邸より依頼を受け、大使館及び大使公邸の料理人として各国の故郷の味を提供してきた。現在、世界5大陸200以上の国・地域の訪問を目指して、一眼レフカメラを片手に取材を続けている。

■編・著／デザイン
こどもくらぶ
稲葉茂勝
石原尚子
長江知子

※各国の人口や国土面積ほかの基本情報
は、外務省のホームページ「世界の国々」
（2016年12月）による。

■写真協力
北海道石狩市、下北観光協議会、福井県、
宮城県観光課、滋賀県、広島県、
韓国観光公社、（社）韓国伝統飲食研究所、
韓国農水省食品流通公社 東京aTセンター、
キムチ博物館、（財）韓食財団、
青木ゆり子、フォトライブラリー、
©Hellosphile ©tongroimage - fotolia.com
© Yang Yu © Anekoho © Martyhou
© Elmar84 © Kheng Ho Toh
© Photobee © Zhaojiankang © Waihs
© Lee Snider © Shannon Fagan
© Eagleflying © Wong Yu Liang
© Ppy2010ha © Marilyn Barbone
© Bjmcse © Hupeng © Edwardje
© Hecke01 © Jason Flint © Mitchblatt
© Ivan Ekushenko © Tandemich
© Pierre Jean Durieu
© Erinpackard photography
© Verastuchelova © Jnerad
© Kittichart Potithat © Waihs
© Sophie Dauwe ¦ Dreamstime.com

■制作
（株）エヌ・アンド・エス企画

しらべよう！世界の料理① 東アジア 日本 韓国 中国 モンゴル	N.D.C.383

2017年4月 第1刷発行

監修　　青木ゆり子
編・著　こどもくらぶ
発行者　長谷川 均　　編集 浦野由美子
発行所　株式会社ポプラ社
　　　　〒160-8565　東京都新宿区大京町 22-1
　　　　電話　営業：03（3357）2212　編集：03（3357）2635
　　　　振替　00140-3-149271
　　　　ホームページ http://www.poplar.co.jp
印刷・製本　大日本印刷株式会社

Printed in Japan　　　　　　　　　　　　　　　　　　　　47p 29cm
●落丁本、乱丁本は送料小社負担でお取り替えいたします。　　ISBN978-4-591-15363-5
　小社製作部宛にご連絡ください。
【製作部】電話：0120（666）553　受付時間：月〜金曜日　9：00〜17：00（祝祭日は除く）
●本書のコピー、スキャン、デジタル化等の無断複製は著作権法上での例外を除き禁じられています。
　本書を代行業者等の第三者に依頼してスキャンやデジタル化することは、たとえ個人や家庭内での利用であっても著作権法上認められておりません。

「おいしい」の向こうにある、各国の風土や文化を学ぼう！

しらべよう！世界の料理 全7巻

❶ 東アジア
日本 韓国 中国 モンゴル

❷ 東南アジア
ベトナム タイ フィリピン インドネシア ほか

❸ 南・中央アジア
インド ブータン バングラデシュ ウズベキスタン ほか

❹ 西アジア アフリカ
サウジアラビア トルコ エジプト ナイジェリア ほか

❺ 北・中央・東ヨーロッパ
スウェーデン オーストリア チェコ ロシア ほか

❻ 西ヨーロッパ 北アメリカ
フランス スペイン ギリシャ アメリカ ほか

❼ 中央・南アメリカ オセアニア
メキシコ ブラジル ペルー オーストラリア ほか

監修：青木ゆり子（e-food.jp 代表）

小学校中学年〜中学生向き
各47ページ
N.D.C.383 A4変型判
図書館用特別堅牢製本図書

★ポプラ社はチャイルドラインを応援しています★

18さいまでの子どもがかけるでんわ
チャイルドライン®
0120-99-7777

ごご4時〜ごご9時 ＊日曜日はお休みです　電話代はかかりません　携帯・PHS OK

18さいまでの子どもがかける子ども専用電話です。
困っているとき、悩んでいるとき、うれしいとき、
なんとなく誰かと話したいとき、かけてみてください。
お説教はしません。ちょっと言いにくいことでも
名前は言わなくてもいいので、安心して話してください。
あなたの気持ちを大切に、どんなことでもいっしょに考えます。